TRANZLATY

Sprache ist für alle da

Sproget er for alle

Die Schöne und das Biest

Skønheden og udyret

Gabrielle-Suzanne Barbot de Villeneuve

Deutsch / Dansk

Copyright © 2025 Tranzlaty
All rights reserved
Published by Tranzlaty
ISBN: 978-1-80572-007-2
Original text by Gabrielle-Suzanne Barbot de Villeneuve
La Belle et la Bête
First published in French in 1740
Taken from The Blue Fairy Book (Andrew Lang)
Illustration by Walter Crane
www.tranzlaty.com

Es war einmal ein reicher Kaufmann
Der var engang en rig købmand
dieser reiche Kaufmann hatte sechs Kinder
denne rige købmand havde seks børn
Er hatte drei Söhne und drei Töchter
han havde tre sønner og tre døtre
Er hat keine Kosten für ihre Ausbildung gescheut
han sparede ingen omkostninger for deres uddannelse
weil er ein vernünftiger Mann war
fordi han var en mand med forstand
aber er gab seinen Kindern viele Diener
men han gav sine Børn mange Tjenere
seine Töchter waren überaus hübsch
hans døtre var meget smukke
und seine jüngste Tochter war besonders hübsch
og hans yngste datter var særlig smuk
Schon als Kind wurde ihre Schönheit bewundert
som barn var hendes skønhed allerede beundret
und die Leute nannten sie nach ihrer Schönheit
og folket kaldte hende for hendes skønhed
Ihre Schönheit verblasste nicht, als sie älter wurde
hendes skønhed forsvandt ikke, da hun blev ældre
Deshalb nannten die Leute sie weiterhin wegen ihrer Schönheit
så folk blev ved med at kalde hende for hendes skønhed
das machte ihre Schwestern sehr eifersüchtig
det gjorde hendes søstre meget jaloux
Die beiden ältesten Töchter waren sehr stolz
de to ældste døtre havde en stor stolthed
Ihr Reichtum war die Quelle ihres Stolzes
deres rigdom var kilden til deres stolthed
und sie verbargen ihren Stolz nicht
og de lagde heller ikke skjul på deres stolthed
Sie besuchten nicht die Töchter anderer Kaufleute
de besøgte ikke andre købmandsdøtre

weil sie nur mit Aristokraten zusammentreffen
fordi de kun mødes med aristokrati
Sie gingen jeden Tag zu Partys
de gik ud hver dag til fester
Bälle, Theaterstücke, Konzerte usw.
baller, skuespil, koncerter og så videre
und sie lachten über ihre jüngste Schwester
og de lo af deres yngste søster
weil sie die meiste Zeit mit Lesen verbrachte
fordi hun brugte det meste af sin tid på at læse
Es war allgemein bekannt, dass sie reich waren
det var velkendt, at de var velhavende
so hielten mehrere bedeutende Kaufleute um ihre Hand an
så adskillige fremtrædende købmænd bad om deres hånd
aber sie sagten, sie würden nicht heiraten
men de sagde, at de ikke ville giftes
aber sie waren bereit, einige Ausnahmen zu machen
men de var parate til at gøre nogle undtagelser
„Vielleicht könnte ich einen Herzog heiraten"
"måske kunne jeg gifte mig med en hertug"
„Ich schätze, ich könnte einen Grafen heiraten"
"Jeg tror, jeg kunne gifte mig med en jarl"
Schönheit dankte sehr höflich denen, die ihr einen Antrag gemacht hatten
skønhed takkede meget borgerligt dem, der friede til hende
Sie sagte ihnen, sie sei noch zu jung zum Heiraten
hun fortalte dem, at hun stadig var for ung til at gifte sig
Sie wollte noch ein paar Jahre bei ihrem Vater bleiben
hun ville blive et par år mere hos sin far
Auf einmal verlor der Kaufmann sein Vermögen
Med det samme mistede købmanden sin formue
er verlor alles außer einem kleinen Landhaus
han mistede alt bortset fra et lille landsted
und er sagte seinen Kindern mit Tränen in den Augen:

og han sagde til sine børn med tårer i øjnene:
„Wir müssen aufs Land gehen"
"vi skal på landet"
„und wir müssen für unseren Lebensunterhalt arbeiten"
"og vi skal arbejde for vores levebrød"
die beiden ältesten Töchter wollten die Stadt nicht verlassen
de to ældste døtre ville ikke forlade byen
Sie hatten mehrere Liebhaber in der Stadt
de havde flere elskere i byen
und sie waren sicher, dass einer ihrer Liebhaber sie heiraten würde
og de var sikre på, at en af deres elskere ville gifte sig med dem
Sie dachten, ihre Liebhaber würden sie heiraten, auch wenn sie kein Vermögen hätten
de troede, at deres elskere ville gifte sig med dem selv uden formue
aber die guten Damen haben sich geirrt
men de gode damer tog fejl
Ihre Liebhaber verließen sie sehr schnell
deres elskere forlod dem meget hurtigt
weil sie kein Vermögen mehr hatten
fordi de ikke havde nogen formuer mere
das zeigte, dass sie nicht wirklich beliebt waren
dette viste, at de faktisk ikke var vellidte
alle sagten, sie verdienen kein Mitleid
alle sagde, at de ikke fortjener at blive medliden
„Wir sind froh, dass ihr Stolz gedemütigt wurde"
"vi er glade for at se deres stolthed ydmyget"
„Lasst sie stolz darauf sein, Kühe zu melken"
"lad dem være stolte af at malke køer"
aber sie waren um Schönheit besorgt
men de var bekymrede for skønhed
sie war so ein süßes Geschöpf

hun var sådan et sødt væsen
Sie sprach so freundlich zu armen Leuten
hun talte så venligt til fattige mennesker
und sie war von solch unschuldiger Natur
og hun var af sådan en uskyldig natur
Mehrere Herren hätten sie geheiratet
Flere herrer ville have giftet sig med hende
Sie hätten sie geheiratet, obwohl sie arm war
de ville have giftet sig med hende, selvom hun var fattig
aber sie sagte ihnen, sie könne sie nicht heiraten
men hun fortalte dem, at hun ikke kunne gifte sig med dem
weil sie ihren Vater nicht verlassen wollte
fordi hun ikke ville forlade sin far
sie war entschlossen, mit ihm aufs Land zu fahren
hun var fast besluttet på at tage med ham på landet
damit sie ihn trösten und ihm helfen konnte
så hun kunne trøste og hjælpe ham
Die arme Schönheit war zunächst sehr betrübt
Den stakkels skønhed var meget bedrøvet i begyndelsen
sie war betrübt über den Verlust ihres Vermögens
hun var bedrøvet over tabet af sin formue
„Aber Weinen wird mein Schicksal nicht ändern"
"men at græde vil ikke ændre min formue"
„Ich muss versuchen, ohne Reichtum glücklich zu sein"
"Jeg må prøve at gøre mig selv lykkelig uden rigdom"
Sie kamen zu ihrem Landhaus
de kom til deres landsted
und der Kaufmann und seine drei Söhne widmeten sich der Landwirtschaft
og købmanden og hans tre sønner gav sig til at dyrke landbrug
Schönheit stand um vier Uhr morgens auf
skønhed steg klokken fire om morgenen
und sie beeilte sich, das Haus zu putzen
og hun skyndte sig at gøre huset rent

und sie sorgte dafür, dass das Abendessen fertig war
og hun sørgede for, at aftensmaden var klar
ihr neues Leben fiel ihr zunächst sehr schwer
i begyndelsen fandt hun sit nye liv meget svært
weil sie diese Arbeit nicht gewohnt war
fordi hun ikke havde været vant til et sådant arbejde
aber in weniger als zwei Monaten wurde sie stärker
men på mindre end to måneder blev hun stærkere
und sie war gesünder als je zuvor
og hun var sundere end nogensinde før
nachdem sie ihre arbeit erledigt hatte, las sie
efter at hun havde gjort sit arbejde læste hun
sie spielte Cembalo
hun spillede på cembalo
oder sie sang, während sie Seide spann
eller hun sang, mens hun spinde silke
im Gegenteil, ihre beiden Schwestern wussten nicht, wie sie ihre Zeit verbringen sollten
tværtimod vidste hendes to søstre ikke, hvordan de skulle bruge deres tid
Sie standen um zehn auf und taten den ganzen Tag nichts anderes als herumzufaulenzen
de stod op klokken ti og lavede ikke andet end at dase hele dagen
Sie beklagten den Verlust ihrer schönen Kleider
de beklagede tabet af deres fine klæder
und sie beklagten sich über den Verlust ihrer Bekannten
og de klagede over at miste deres bekendte
„Schau dir unsere jüngste Schwester an", sagten sie zueinander
"Se på vores yngste søster," sagde de til hinanden
„Was für ein armes und dummes Geschöpf sie ist"
"sikke et fattigt og dumt væsen hun er"
„Es ist gemein, mit so wenig zufrieden zu sein"
"det er ondt at være tilfreds med så lidt"

der freundliche Kaufmann war ganz anderer Meinung
den venlige købmand var af en helt anden mening
er wusste sehr wohl, dass Schönheit ihre Schwestern übertraf
han vidste godt, at skønheden overstrålede hendes søstre
Sie übertraf sie sowohl charakterlich als auch geistig
hun overstrålede dem i karakter såvel som sind
er bewunderte ihre Bescheidenheit und ihre harte Arbeit
han beundrede hendes ydmyghed og hendes hårde arbejde
aber am meisten bewunderte er ihre Geduld
men mest af alt beundrede han hendes tålmodighed
Ihre Schwestern überließen ihr die ganze Arbeit
hendes søstre efterlod hende alt arbejdet at udføre
und sie beleidigten sie ständig
og de fornærmede hende hvert øjeblik
Die Familie hatte etwa ein Jahr lang so gelebt
Familien havde levet sådan i omkring et år
dann bekam der Kaufmann einen Brief von einem Buchhalter
så fik købmanden et brev fra en bogholder
er hatte in ein Schiff investiert
han havde en investering i et skib
und das Schiff war sicher angekommen
og skibet var kommet sikkert frem
diese Nachricht ließ die beiden ältesten Töchter staunen
t hans nyhed vendte hovedet på de to ældste døtre
Sie hatten sofort die Hoffnung, in die Stadt zurückzukehren
de havde straks håb om at vende tilbage til byen
weil sie des Landlebens überdrüssig waren
fordi de var ret trætte af livet på landet
Sie gingen zu ihrem Vater, als er ging
de gik til deres far, da han var på vej
Sie baten ihn, ihnen neue Kleider zu kaufen
de bad ham købe nyt tøj til dem

Kleider, Bänder und allerlei Kleinigkeiten
kjoler, bånd og alle mulige småting
aber die Schönheit verlangte nichts
men skønheden bad om intet
weil sie dachte, das Geld würde nicht reichen
fordi hun troede, at pengene ikke ville række
es würde nicht reichen, um alles zu kaufen, was ihre Schwestern wollten
der ville ikke være nok til at købe alt, hvad hendes søstre ville have
„Was möchtest du, Schönheit?", fragte ihr Vater
"Hvad vil du have, skønhed?" spurgte hendes far
"Danke, Vater, dass du so nett bist, an mich zu denken", sagte sie
"tak, far, for godheden at tænke på mig," sagde hun
„Vater, sei so freundlich und bring mir eine Rose mit"
"far, vær så venlig at bringe mig en rose"
„weil hier im Garten keine Rosen wachsen"
"for der vokser ingen roser her i haven"
„und Rosen sind eine Art Rarität"
"og roser er en slags sjældenhed"
Schönheit mochte Rosen nicht wirklich
skønhed brød sig ikke rigtig om roser
sie bat nur um etwas, um ihre Schwestern nicht zu verurteilen
hun bad kun om noget for ikke at fordømme sine søstre
aber ihre Schwestern dachten, sie hätte aus anderen Gründen nach Rosen gefragt
men hendes søstre mente, at hun bad om roser af andre grunde
„Sie hat es nur getan, um besonders auszusehen"
"hun gjorde det bare for at se bestemt ud"
Der freundliche Mann machte sich auf die Reise
Den venlige mand gik på sin rejse
aber als er ankam, stritten sie über die Ware

men da han kom, skændtes de om varen
und nach viel Ärger kam er genauso arm zurück wie zuvor
og efter megen besvær kom han tilbage så fattig som før
er war nur ein paar Stunden von seinem eigenen Haus entfernt
han var inden for et par timer fra sit eget hus
und er stellte sich schon die Freude vor, seine Kinder zu sehen
og han forestillede sig allerede glæden ved at se sine børn
aber als er durch den Wald ging, verirrte er sich
men da han gik gennem skoven, gik han vild
es hat furchtbar geregnet und geschneit
det regnede og sneede frygteligt
der Wind war so stark, dass er ihn vom Pferd warf
vinden var så stærk, at den kastede ham af hesten
und die Nacht kam schnell
og natten kom hurtigt
er begann zu glauben, er müsse verhungern
han begyndte at tænke på, at han kunne sulte
und er dachte, er könnte erfrieren
og han troede, at han kunde fryse ihjel
und er dachte, Wölfe könnten ihn fressen
og han troede, at ulve kunne æde ham
die Wölfe, die er um sich herum heulen hörte
ulvene, som han hørte hyle rundt om sig
aber plötzlich sah er ein Licht
men pludselig så han et lys
er sah das Licht in der Ferne durch die Bäume
han så lyset på afstand gennem træerne
als er näher kam, sah er, dass das Licht ein Palast war
da han kom nærmere, så han, at lyset var et palads
der Palast war von oben bis unten beleuchtet
paladset var oplyst fra top til bund
Der Kaufmann dankte Gott für sein Glück

købmanden takkede Gud for hans held
und er eilte zum Palast
og han skyndte sig til slottet
aber er war überrascht, keine Leute im Palast zu sehen
men han var overrasket over at se ingen mennesker i paladset
der Hof war völlig leer
gårdspladsen var helt tom
und nirgendwo ein Lebenszeichen
og der var ingen tegn på liv nogen steder
sein Pferd folgte ihm in den Palast
hans hest fulgte ham ind i paladset
und dann fand sein Pferd großen Stall
og så fandt hans hest stor stald
das arme Tier war fast verhungert
det stakkels dyr var næsten udsultet
also ging sein Pferd hinein, um Heu und Hafer zu finden
så hans hest gik ind for at finde hø og havre
zum Glück fand er reichlich zu essen
heldigvis fandt han rigeligt at spise
und der Kaufmann band sein Pferd an die Krippe
og købmanden bandt sin hest til krybben
Als er zum Haus ging, sah er niemanden
da han gik hen mod huset, så han ingen
aber in einer großen Halle fand er ein gutes Feuer
men i en stor hal fandt han en god ild
und er fand einen Tisch für eine Person gedeckt
og han fandt et bord dækket til en
er war nass vom Regen und Schnee
han var våd af regn og sne
Also ging er zum Feuer, um sich abzutrocknen
så han gik hen til ilden for at tørre sig
„Ich hoffe, der Hausherr entschuldigt mich"
"Jeg håber, at husets herre vil undskylde mig"
„Ich schätze, es wird nicht lange dauern, bis jemand

auftaucht."
"Jeg formoder, at det ikke tager lang tid, før nogen dukker op"
Er wartete eine beträchtliche Zeit
Han ventede længe
er wartete, bis es elf schlug, und noch immer kam niemand
han ventede til klokken slog elleve, og der kom stadig ingen
Schließlich war er so hungrig, dass er nicht länger warten konnte
til sidst var han så sulten, at han ikke kunne vente mere
er nahm ein Hühnchen und aß es in zwei Bissen
han tog noget kylling og spiste det i to mundfulde
er zitterte beim Essen
han rystede, mens han spiste maden
danach trank er ein paar Gläser Wein
herefter drak han et par glas vin
Er wurde mutiger und verließ den Saal
da han blev modigere, gik han ud af salen
und er durchquerte mehrere große Hallen
og han krydsede flere store sale
Er ging durch den Palast, bis er in eine Kammer kam
han gik gennem paladset, indtil han kom ind i et kammer
eine Kammer, in der sich ein überaus gutes Bett befand
et kammer, som havde en overordentlig god seng i sig
er war von der Tortur sehr erschöpft
han var meget træt af sin prøvelse
und es war schon nach Mitternacht
og klokken var allerede over midnat
also beschloss er, dass es das Beste sei, die Tür zu schließen
så han besluttede, at det var bedst at lukke døren
und er beschloss, dass er zu Bett gehen sollte
og han konkluderede, at han skulle gå i seng

Es war zehn Uhr morgens, als der Kaufmann aufwachte
Klokken var ti om morgenen, da købmanden vågnede
gerade als er aufstehen wollte, sah er etwas
lige da han skulle rejse sig, så han noget
er war erstaunt, saubere Kleidung zu sehen
han var forbavset over at se et rent sæt tøj
an der Stelle, wo er seine schmutzigen Kleider zurückgelassen hatte
på det sted, hvor han havde efterladt sit snavsede tøj
"Mit Sicherheit gehört dieser Palast einer netten Fee"
"Dette palads tilhører bestemt en slags fe"
„eine Fee, die mich gesehen und bemitleidet hat"
" en fe, der har set og haft ondt af mig"
er sah durch ein Fenster
han kiggede gennem et vindue
aber statt Schnee sah er den herrlichsten Garten
men i stedet for sne så han den dejligste have
und im Garten waren die schönsten Rosen
og i haven var de smukkeste roser
dann kehrte er in die große Halle zurück
han vendte så tilbage til den store sal
der Saal, in dem er am Abend zuvor Suppe gegessen hatte
salen, hvor han havde fået suppe aftenen før
und er fand etwas Schokolade auf einem kleinen Tisch
og han fandt noget chokolade på et lille bord
„Danke, liebe Frau Fee", sagte er laut
"Tak, gode Madam Fairy," sagde han højt
„Danke für Ihre Fürsorge"
"tak fordi du er så omsorgsfuld"
„Ich bin Ihnen für all Ihre Gefälligkeiten äußerst dankbar"
"Jeg er yderst taknemmelig over for dig for alle dine tjenester"
Der freundliche Mann trank seine Schokolade

den venlige mand drak sin chokolade
und dann ging er sein Pferd suchen
og så gik han for at lede efter sin hest
aber im Garten erinnerte er sich an die Bitte der Schönheit
men i haven huskede han skønhedens anmodning
und er schnitt einen Rosenzweig ab
og han skar en gren af roser af
sofort hörte er ein lautes Geräusch
straks hørte han en stor larm
und er sah ein furchtbar furchtbares Tier
og han så et frygteligt dyr
er war so erschrocken, dass er kurz davor war, ohnmächtig zu werden
han var så bange, at han var klar til at besvime
„Du bist sehr undankbar", sagte das Tier zu ihm
"Du er meget utaknemmelig," sagde udyret til ham
und das Tier sprach mit schrecklicher Stimme
og dyret talte med en frygtelig røst
„Ich habe dein Leben gerettet, indem ich dich in mein Schloss gelassen habe"
"Jeg har reddet dit liv ved at give dig adgang til mit slot"
"und dafür stiehlst du mir im Gegenzug meine Rosen?"
"og for dette stjæler du mine roser til gengæld?"
„Die Rosen sind für mich mehr wert als alles andere"
"Roserne, som jeg værdsætter mere end noget"
„Aber du wirst für das, was du getan hast, sterben"
"men du skal dø for det du har gjort"
„Ich gebe Ihnen nur eine Viertelstunde, um sich vorzubereiten"
"Jeg giver dig kun et kvarter til at forberede dig"
„Bereiten Sie sich auf den Tod vor und sprechen Sie Ihre Gebete"
"gør dig klar til døden og bed dine bønner"
der Kaufmann fiel auf die Knie

købmanden faldt på knæ
und er hob beide Hände
og han løftede begge sine hænder
„Mein Herr, ich flehe Sie an, mir zu vergeben"
"Min herre, jeg beder dig tilgive mig"
„Ich hatte nicht die Absicht, Sie zu beleidigen"
"Jeg havde ikke til hensigt at fornærme dig"
„Ich habe für eine meiner Töchter eine Rose gepflückt"
"Jeg samlede en rose til en af mine døtre"
„Sie bat mich, ihr eine Rose mitzubringen"
"hun bad mig om at bringe hende en rose"
„Ich bin nicht euer Herr, sondern ein Tier", antwortete das Monster
"Jeg er ikke din herre, men jeg er et udyr," svarede monsteret
„Ich mag keine Komplimente"
"Jeg elsker ikke komplimenter"
„Ich mag Menschen, die so sprechen, wie sie denken"
"Jeg kan godt lide folk, der taler, som de tror"
„glauben Sie nicht, dass ich durch Schmeicheleien bewegt werden kann"
"forestil dig ikke, at jeg kan blive rørt af smiger"
„Aber Sie sagen, Sie haben Töchter"
"Men du siger, du har fået døtre"
„Ich werde dir unter einer Bedingung vergeben"
"Jeg vil tilgive dig på én betingelse"
„Eine deiner Töchter muss freiwillig in meinen Palast kommen"
"en af dine døtre må gerne komme til mit palads"
"und sie muss für dich leiden"
"og hun må lide for dig"
„Gib mir Dein Wort"
"Lad mig få dit ord"
„Und dann können Sie Ihren Geschäften nachgehen"
"og så kan du gå i gang med din virksomhed"

„Versprich mir das:"
"Lov mig dette:"
„Wenn Ihre Tochter sich weigert, für Sie zu sterben, müssen Sie innerhalb von drei Monaten zurückkehren"
"hvis din datter nægter at dø for dig, skal du vende tilbage inden for tre måneder"
der Kaufmann hatte nicht die Absicht, seine Töchter zu opfern
købmanden havde ingen intentioner om at ofre sine døtre
aber da ihm Zeit gegeben wurde, wollte er seine Töchter noch einmal sehen
men da han fik Tid, vilde han endnu engang se sine Døtre
also versprach er, dass er zurückkehren würde
så han lovede at vende tilbage
und das Tier sagte ihm, er könne aufbrechen, wann er wolle
og udyret sagde til ham, at han måtte drage af sted, når det ville
und das Tier erzählte ihm noch etwas
og udyret fortalte ham en ting mere
„Du sollst nicht mit leeren Händen gehen"
"du skal ikke gå tomhændet"
„Geh zurück in das Zimmer, in dem du lagst"
"gå tilbage til rummet hvor du lå"
„Sie werden eine große leere Schatzkiste sehen"
"du vil se en stor tom skattekiste"
„Fülle die Schatzkiste mit allem, was Dir am besten gefällt"
"fyld skattekisten med hvad du bedst kan lide"
„und ich werde die Schatzkiste zu Dir nach Hause schicken"
"og jeg sender skattekisten til dit hjem"
und gleichzeitig zog sich das Tier zurück
og i det samme trak dyret sig tilbage
„Nun", sagte sich der gute Mann

"Nå," sagde den gode mand til sig selv
„Wenn ich sterben muss, werde ich meinen Kindern wenigstens etwas hinterlassen"
"hvis jeg skal dø, skal jeg i det mindste efterlade noget til mine børn"
so kehrte er ins Schlafzimmer zurück
så han vendte tilbage til sengekammeret
und er fand sehr viele Goldstücke
og han fandt mange guldstykker
er füllte die Schatzkiste, die das Tier erwähnt hatte
han fyldte den skattekiste, som dyret havde nævnt
und er holte sein Pferd aus dem Stall
og han tog sin hest ud af stalden
die Freude, die er beim Betreten des Palastes empfand, war nun genauso groß wie die Trauer, die er beim Verlassen des Palastes empfand
den glæde, han følte, da han gik ind i paladset, var nu lig med den sorg, han følte ved at forlade det
Das Pferd nahm einen der Wege im Wald
hesten tog en af skovens veje
und in wenigen Stunden war der gute Mann zu Hause
og om et par timer var den gode mand hjemme
seine Kinder kamen zu ihm
hans børn kom til ham
aber anstatt ihre Umarmungen mit Freude entgegenzunehmen, sah er sie an
men i stedet for at modtage deres omfavnelser med glæde, så han på dem
er hielt den Ast hoch, den er in den Händen hielt
han holdt den gren op, han havde i hænderne
und dann brach er in Tränen aus
og så brast han i gråd
„Schönheit", sagte er, „nimm bitte diese Rosen"
"skønhed," sagde han, "tak venligst disse roser"
„Sie können nicht wissen, wie teuer diese Rosen waren"

"du kan ikke vide, hvor dyre disse roser har været"
„Diese Rosen haben deinen Vater das Leben gekostet"
"disse roser har kostet din far livet"
und dann erzählte er von seinem tödlichen Abenteuer
og så fortalte han om sit fatale eventyr
Sofort schrien die beiden ältesten Schwestern
straks råbte de to ældste søstre
und sie sagten viele gemeine Dinge zu ihrer schönen Schwester
og de sagde mange slemme ting til deres smukke søster
aber die Schönheit weinte überhaupt nicht
men skønheden græd slet ikke
„Seht euch den Stolz dieses kleinen Schurken an", sagten sie
"Se på den lille stakkels stolthed," sagde de
„Sie hat nicht nach schönen Kleidern gefragt"
"hun bad ikke om fint tøj"
„Sie hätte tun sollen, was wir getan haben"
"hun skulle have gjort, hvad vi gjorde"
„Sie wollte sich hervortun"
"hun ville udmærke sig"
„so wird sie nun den Tod unseres Vaters bedeuten"
"så nu vil hun være vores fars død"
„und doch vergießt sie keine Träne"
"og alligevel fælder hun ikke en tåre"
"Warum sollte ich weinen?", antwortete die Schönheit
"Hvorfor skulle jeg græde?" svarede skønhed
„Weinen wäre völlig unnötig"
"det ville være meget unødvendigt at græde"
„Mein Vater wird nicht für mich leiden"
"min far vil ikke lide for mig"
„Das Monster wird eine seiner Töchter akzeptieren"
"monstret vil acceptere en af sine døtre"
„Ich werde mich seiner ganzen Wut aussetzen"
"Jeg vil ofre mig til al hans vrede"

„Ich bin sehr glücklich, denn mein Tod wird das Leben meines Vaters retten"
"Jeg er meget glad, for min død vil redde min fars liv"
„Mein Tod wird ein Beweis meiner Liebe sein"
"min død vil være et bevis på min kærlighed"
„Nein, Schwester", sagten ihre drei Brüder
"Nej, søster," sagde hendes tre brødre
„das darf nicht sein"
"det skal ikke være"
„Wir werden das Monster finden"
"vi skal finde monsteret"
"und entweder wir werden ihn töten..."
"og enten slår vi ham ihjel..."
„... oder wir werden bei dem Versuch umkommen"
"... ellers går vi til grunde i forsøget"
„Stellt euch nichts dergleichen vor, meine Söhne", sagte der Kaufmann
"Forestil dig ikke noget sådant, mine sønner," sagde købmanden
„Die Kraft des Biests ist so groß, dass ich keine Hoffnung habe, dass Ihr es besiegen könntet."
"dyrets magt er så stor, at jeg ikke har noget håb om, at du kunne overvinde ham"
„Ich bin entzückt von dem freundlichen und großzügigen Angebot der Schönheit"
"Jeg er charmeret over skønhedens venlige og generøse tilbud"
„aber ich kann ihre Großzügigkeit nicht annehmen"
"men jeg kan ikke acceptere hendes generøsitet"
„Ich bin alt und habe nicht mehr lange zu leben"
"Jeg er gammel, og jeg har ikke længe at leve"
„also kann ich nur ein paar Jahre verlieren"
"så jeg kan kun tabe et par år"
„Zeit, die ich für euch bereue, meine lieben Kinder"
"tid, som jeg fortryder for jer, mine kære børn"

„Aber Vater", sagte die Schönheit
"Men far," sagde skønhed
„Du sollst nicht ohne mich in den Palast gehen"
"du må ikke gå til paladset uden mig"
„Du kannst mich nicht davon abhalten, dir zu folgen"
"du kan ikke forhindre mig i at følge dig"
nichts könnte Schönheit vom Gegenteil überzeugen
intet kunne overbevise skønhed ellers
Sie bestand darauf, in den schönen Palast zu gehen
hun insisterede på at tage til det fine palads
und ihre Schwestern waren erfreut über ihre Beharrlichkeit
og hendes søstre var henrykte over hendes insisteren
Der Kaufmann war besorgt bei dem Gedanken, seine Tochter zu verlieren
Købmanden var bekymret ved tanken om at miste sin datter
er war so besorgt, dass er die Truhe voller Gold vergessen hatte
han var så bekymret, at han havde glemt kisten fuld af guld
Abends begab er sich zur Ruhe und schloss die Tür seines Zimmers.
om natten trak han sig tilbage for at hvile, og han lukkede sin kammerdør
Dann fand er zu seinem großen Erstaunen den Schatz neben seinem Bett.
så fandt han til sin store forbavselse skatten ved sin seng
er war entschlossen, es seinen Kindern nicht zu erzählen
han var fast besluttet på ikke at fortælle det til sine børn
Wenn sie es gewusst hätten, wären sie in die Stadt zurückgekehrt
hvis de vidste det, ville de have ønsket at vende tilbage til byen
und er war entschlossen, das Land nicht zu verlassen
og han var fast besluttet på ikke at forlade landet

aber er vertraute der Schönheit das Geheimnis
men han betroede skønheden med hemmeligheden
Sie teilte ihm mit, dass zwei Herren gekommen seien
hun meddelte ham, at der var kommet to herrer
und sie machten ihren Schwestern einen Heiratsantrag
og de stillede forslag til hendes søstre
Sie bat ihren Vater, ihrer Heirat zuzustimmen
hun tryglede sin far om at samtykke til deres ægteskab
und sie bat ihn, ihnen etwas von seinem Vermögen zu geben
og hun bad ham give dem noget af sin formue
sie hatte ihnen bereits vergeben
hun havde allerede tilgivet dem
Die bösen Kreaturen rieben ihre Augen mit Zwiebeln
de onde skabninger gned deres øjne med løg
um beim Abschied von der Schwester ein paar Tränen zu vergießen
at tvinge nogle tårer, da de skiltes med deres søster
aber ihre Brüder waren wirklich besorgt
men hendes brødre var virkelig bekymrede
Schönheit war die einzige, die keine Tränen vergoss
skønhed var den eneste, der ikke fældede nogen tårer
sie wollte ihr Unbehagen nicht vergrößern
hun ønskede ikke at øge deres uro
Das Pferd nahm den direkten Weg zum Palast
hesten tog den direkte vej til paladset
und gegen Abend sahen sie den erleuchteten Palast
og henimod aften så de det oplyste palads
das Pferd begab sich wieder in den Stall
hesten tog sig selv ind i stalden igen
und der gute Mann und seine Tochter gingen in die große Halle
og den gode mand og hans datter gik ind i den store sal
hier fanden sie einen herrlich gedeckten Tisch
her fandt de et flot serveret bord

der Kaufmann hatte keinen Appetit zu essen
købmanden havde ingen lyst til at spise
aber die Schönheit bemühte sich, fröhlich zu erscheinen
men skønheden søgte at fremstå munter
sie setzte sich an den Tisch und half ihrem Vater
hun satte sig ved bordet og hjalp sin far
aber sie dachte auch bei sich:
men hun tænkte også ved sig selv:
„Das Biest will mich sicher mästen, bevor es mich frisst"
"dyret vil helt sikkert fede mig, før det spiser mig"
„deshalb sorgt er für so viel Unterhaltung"
"det er derfor, han giver så rigelig underholdning"
Nachdem sie gegessen hatten, hörten sie ein großes Geräusch
efter at de havde spist, hørte de en stor larm
und der Kaufmann verabschiedete sich mit Tränen in den Augen von seinem unglücklichen Kind
og købmanden tog afsked med sit ulykkelige barn med tårer i øjnene
weil er wusste, dass das Biest kommen würde
fordi han vidste, at udyret kom
Die Schönheit war entsetzt über seine schreckliche Gestalt
skønheden var rædselsslagen over hans rædselsfulde skikkelse
aber sie nahm ihren Mut zusammen, so gut sie konnte
men hun tog Mod til sig, saa godt hun kunde
und das Monster fragte sie, ob sie freiwillig mitkäme
og uhyret spurgte hende, om hun kom villigt
"ja, ich bin freiwillig gekommen", sagte sie zitternd
"Ja, jeg er kommet gerne," sagde hun skælvende
Das Tier antwortete: „Du bist sehr gut"
udyret svarede: "Du er meget god"
„und ich bin Ihnen zu großem Dank verpflichtet, ehrlicher Mann"

"og jeg er dig meget taknemmelig, ærlig mand"
„Geht morgen früh eure Wege"
"gå dine veje i morgen tidlig"
„aber denk nie daran, wieder hierher zu kommen"
"men tænk aldrig på at komme her igen"
„Lebe wohl, Schönheit, lebe wohl, Biest", antwortete er
"Farvel skønhed, afskedsdyr," svarede han
und sofort zog sich das Monster zurück
og straks trak monsteret sig tilbage
"Oh, Tochter", sagte der Kaufmann
"Åh, datter," sagde købmanden
und er umarmte seine Tochter noch einmal
og han omfavnede sin datter endnu en gang
„Ich habe fast Todesangst"
"Jeg er næsten dødsangst"
„glauben Sie mir, Sie sollten lieber zurückgehen"
"tro mig, du må hellere gå tilbage"
„Lass mich hier bleiben, statt dir"
"lad mig blive her i stedet for dig"
„Nein, Vater", sagte die Schönheit entschlossen
"Nej, far," sagde skønhed i en resolut tone
„Du sollst morgen früh aufbrechen"
"du skal afsted i morgen tidlig"
„überlasse mich der Obhut und dem Schutz der Vorsehung"
"overlad mig til forsynets omsorg og beskyttelse"
trotzdem gingen sie zu Bett
ikke desto mindre gik de i seng
Sie dachten, sie würden die ganze Nacht kein Auge zutun
de troede, at de ikke ville lukke øjnene hele natten
aber als sie sich hinlegten, schliefen sie ein
men lige som de lagde sig, sov de
Die Schönheit träumte, eine schöne Dame kam und sagte zu ihr:
skønhed drømte en fin dame kom og sagde til hende:

„Ich bin zufrieden, Schönheit, mit deinem guten Willen"
"Jeg er tilfreds, skønhed, med din gode vilje"
„Diese gute Tat von Ihnen wird nicht unbelohnt bleiben"
"Denne gode handling skal ikke forblive ubelønnet"
Die Schöne erwachte und erzählte ihrem Vater ihren Traum
skønhed vågnede og fortalte sin far sin drøm
der Traum tröstete ihn ein wenig
drømmen var med til at trøste ham lidt
aber er konnte nicht anders, als bitterlich zu weinen, als er ging
men han kunne ikke lade være med at græde bittert, da han gik
Sobald er weg war, setzte sich Schönheit in die große Halle und weinte ebenfalls
så snart han var væk, satte skønheden sig i den store sal og græd også
aber sie beschloss, sich keine Sorgen zu machen
men hun besluttede sig for ikke at være urolig
Sie beschloss, in der kurzen Zeit, die ihr noch zu leben blieb, stark zu sein
hun besluttede at være stærk i den lille tid, hun havde tilbage at leve
weil sie fest davon überzeugt war, dass das Biest sie fressen würde
fordi hun troede fuldt og fast på, at udyret ville æde hende
Sie dachte jedoch, sie könnte genauso gut den Palast erkunden
dog tænkte hun, at hun lige så godt kunne udforske paladset
und sie wollte das schöne Schloss besichtigen
og hun ville se det fine slot
ein Schloss, das sie bewundern musste
et slot, som hun ikke kunne lade være med at beundre
Es war ein wunderbar angenehmer Palast

det var et dejligt behageligt palads
und sie war äußerst überrascht, als sie eine Tür sah
og hun var meget overrasket over at se en dør
und über der Tür stand, dass es ihr Zimmer sei
og over døren stod der skrevet, at det var hendes værelse
sie öffnete hastig die Tür
hun åbnede hastigt døren
und sie war ganz geblendet von der Pracht des Raumes
og hun var ret forblændet af rummets storhed
was ihre Aufmerksamkeit vor allem auf sich zog, war eine große Bibliothek
det, der først og fremmest optog hendes opmærksomhed, var et stort bibliotek
ein Cembalo und mehrere Notenbücher
en cembalo og flere nodebøger
„Nun", sagte sie zu sich selbst
"Nå," sagde hun til sig selv
„Ich sehe, das Biest wird meine Zeit nicht verstreichen lassen"
"Jeg kan se, at udyret ikke vil lade min tid hænge tungt"
dann dachte sie über ihre Situation nach
så reflekterede hun for sig selv over sin situation
„Wenn ich einen Tag bleiben sollte, wäre das alles nicht hier"
"Hvis det var meningen, at jeg skulle blive en dag, ville alt dette ikke være her"
diese Überlegung gab ihr neuen Mut
denne betragtning inspirerede hende med nyt mod
und sie nahm ein Buch aus ihrer neuen Bibliothek
og hun tog en bog fra sit nye bibliotek
und sie las diese Worte in goldenen Buchstaben:
og hun læste disse ord med gyldne bogstaver:
„Begrüße Schönheit, vertreibe die Angst"
"Velkommen skønhed, forvis frygt"
„Du bist hier Königin und Herrin"

"Du er dronning og elskerinde her"
„Sprich deine Wünsche aus, sprich deinen Willen aus"
"Sig dine ønsker, sig din vilje"
„Schneller Gehorsam begegnet hier Ihren Wünschen"
"Hurtig lydighed opfylder dine ønsker her"
"Ach", sagte sie mit einem Seufzer
"Ak," sagde hun med et suk
„**Am meisten wünsche ich mir, meinen armen Vater zu sehen"**
"Mest af alt ønsker jeg at se min stakkels far"
„**und ich würde gerne wissen, was er tut"**
"og jeg vil gerne vide, hvad han laver"
Kaum hatte sie das gesagt, bemerkte sie den Spiegel
Så snart hun havde sagt dette, lagde hun mærke til spejlet
zu ihrem großen Erstaunen sah sie ihr eigenes Zuhause im Spiegel
til sin store forbavselse så hun sit eget hjem i spejlet
Ihr Vater kam emotional erschöpft an
hendes far ankom følelsesmæssigt udmattet
Ihre Schwestern gingen ihm entgegen
hendes søstre gik ham i møde
trotz ihrer Versuche, traurig zu wirken, war ihre Freude sichtbar
på trods af deres forsøg på at fremstå sorgfulde, var deres glæde synlig
einen Moment später war alles verschwunden
et øjeblik efter forsvandt alt
und auch die Befürchtungen der Schönheit verschwanden
og skønhedens betænkeligheder forsvandt også
denn sie wusste, dass sie dem Tier vertrauen konnte
for hun vidste, at hun kunne stole på dyret
Mittags fand sie das Abendessen fertig
Ved middagstid fandt hun aftensmaden klar
sie setzte sich an den Tisch

hun satte sig ved bordet
und sie wurde mit einem Musikkonzert unterhalten
og hun blev underholdt med en musikkoncert
obwohl sie niemanden sehen konnte
selvom hun ikke kunne se nogen
abends setzte sie sich wieder zum Abendessen
om natten satte hun sig til aftensmad igen
diesmal hörte sie das Geräusch, das das Tier machte
denne gang hørte hun den larm, dyret lavede
und sie konnte nicht anders, als Angst zu haben
og hun kunne ikke lade være med at blive rædselsslagen
"Schönheit", sagte das Monster
"skønhed," sagde monsteret
"erlaubst du mir, mit dir zu essen?"
"tillader du mig at spise med dig?"
"Mach, was du willst", antwortete die Schönheit zitternd
"gør som du vil," svarede skønheden skælvende
„Nein", antwortete das Tier
"Nej," svarede udyret
„Du allein bist hier die Herrin"
"Du alene er elskerinde her"
„Sie können mich wegschicken, wenn ich Ärger mache"
"du kan sende mig væk, hvis jeg er besværlig"
„schick mich fort, und ich werde mich sofort zurückziehen"
"send mig væk, og jeg trækker mig straks"
„Aber sagen Sie mir: Finden Sie mich nicht sehr hässlich?"
"Men sig mig, synes du ikke, jeg er meget grim?"
„Das stimmt", sagte die Schönheit
"Det er sandt," sagde skønhed
„Ich kann nicht lügen"
"Jeg kan ikke lyve"
„aber ich glaube, Sie sind sehr gutmütig"
"men jeg tror du er meget godmodig"

„Das bin ich tatsächlich", sagte das Monster
"Det er jeg sandelig," sagde monsteret
„Aber abgesehen von meiner Hässlichkeit habe ich auch keinen Verstand"
"Men bortset fra min grimhed, så har jeg heller ingen forstand"
„Ich weiß sehr wohl, dass ich ein dummes Wesen bin"
"Jeg ved godt, at jeg er et fjollet væsen"
„Es ist kein Zeichen von Torheit, so zu denken", antwortete die Schönheit
"Det er intet tegn på dårskab at tænke sådan," svarede skønhed
„Dann iss, Schönheit", sagte das Monster
"Spis da, skønhed," sagde monsteret
„Versuchen Sie, sich in Ihrem Palast zu amüsieren"
"Prøv at more dig selv i dit palads"
"alles hier gehört dir"
"alt her er dit"
„Und ich wäre sehr unruhig, wenn Sie nicht glücklich wären"
"og jeg ville være meget urolig, hvis du ikke var glad"
„Sie sind sehr zuvorkommend", antwortete die Schönheit
"Du er meget imødekommende," svarede skønhed
„Ich gebe zu, ich freue mich über Ihre Freundlichkeit"
"Jeg indrømmer, at jeg er glad for din venlighed"
„Und wenn ich über deine Freundlichkeit nachdenke, fallen mir deine Missbildungen kaum auf"
"og når jeg tænker på din venlighed, lægger jeg næsten ikke mærke til dine misdannelser"
„Ja, ja", sagte das Tier, „mein Herz ist gut
"Ja, ja," sagde udyret, "mit hjerte er godt
„Aber obwohl ich gut bin, bin ich immer noch ein Monster"
"men selvom jeg er god, er jeg stadig et monster"
„Es gibt viele Männer, die diesen Namen mehr verdienen

als Sie."
"Der er mange mænd, der fortjener det navn mere end dig"
„und ich bevorzuge dich, so wie du bist"
"og jeg foretrækker dig lige som du er"
„und ich ziehe dich denen vor, die ein undankbares Herz verbergen"
"og jeg foretrækker dig mere end dem, der skjuler et utaknemmeligt hjerte"
"Wenn ich nur etwas Verstand hätte", antwortete das Biest
"hvis jeg bare havde lidt forstand," svarede udyret
„Wenn ich vernünftig wäre, würde ich Ihnen als Dank ein schönes Kompliment machen"
"hvis jeg havde fornuft, ville jeg give et fint kompliment for at takke dig"
"aber ich bin so langweilig"
"men jeg er så kedelig"
„Ich kann nur sagen, dass ich Ihnen zu großem Dank verpflichtet bin"
"Jeg kan kun sige, at jeg er meget taknemmelig over for dig"
Schönheit aß ein herzhaftes Abendessen
skønhed spiste en solid aftensmad
und sie hatte ihre Angst vor dem Monster fast überwunden
og hun havde næsten overvundet sin frygt for uhyret
aber sie wollte ohnmächtig werden, als das Biest ihr die nächste Frage stellte
men hun ville besvime, da udyret stillede hende det næste spørgsmål
"Schönheit, willst du meine Frau werden?"
"skønhed, vil du være min kone?"
es dauerte eine Weile, bis sie antworten konnte
hun tog noget tid, før hun kunne svare
weil sie Angst hatte, ihn wütend zu machen

fordi hun var bange for at gøre ham vred
Schließlich sagte sie jedoch "nein, Biest"
til sidst sagde hun dog "nej, udyr"
sofort zischte das arme Monster ganz fürchterlich
straks hvæsede det stakkels monster meget forfærdeligt
und der ganze Palast hallte
og hele paladset genlød
aber die Schönheit erholte sich bald von ihrem Schrecken
men skønheden kom sig hurtigt over sin forskrækkelse
denn das Tier sprach wieder mit trauriger Stimme
fordi udyret talte igen med en sørgelig stemme
„Dann leb wohl, Schönheit"
"så farvel, skønhed"
und er drehte sich nur ab und zu um
og han vendte kun tilbage nu og da
um sie anzusehen, als er hinausging
at se på hende, mens han gik ud
jetzt war die Schönheit wieder allein
nu var skønheden atter alene
Sie empfand großes Mitgefühl
hun følte en stor medfølelse
„Ach, es ist tausendmal schade"
"Ak, det er tusind synd"
„Etwas, das so gutmütig ist, sollte nicht so hässlich sein"
"alt så godmodigt burde ikke være så grimt"
Schönheit verbrachte drei Monate sehr zufrieden im Palast
skønhed tilbragte tre måneder meget tilfreds i paladset
jeden Abend stattete ihr das Biest einen Besuch ab
hver aften aflagde dyret hende et besøg
und sie redeten beim Abendessen
og de talte sammen under aftensmaden
Sie sprachen mit gesundem Menschenverstand
de talte med sund fornuft
aber sie sprachen nicht mit dem, was man als geistreich

bezeichnet
men de talte ikke med, hvad folk kalder vittighed
Schönheit entdeckte immer einen wertvollen Charakter im Biest
skønhed opdagede altid en værdifuld karakter i udyret
und sie hatte sich an seine Missbildung gewöhnt
og hun havde vænnet sig til hans misdannelse
sie fürchtete sich nicht mehr vor seinem Besuch
hun frygtede ikke længere tidspunktet for hans besøg
jetzt schaute sie oft auf die Uhr
nu så hun ofte på sit ur
und sie konnte es kaum erwarten, bis es neun Uhr war
og hun kunne ikke vente til klokken blev ni
denn das Tier kam immer zu dieser Stunde
fordi udyret aldrig savnede at komme i den time
Es gab nur eine Sache, die Schönheit betraf
der var kun én ting, der vedrørte skønhed
jeden Abend, bevor sie ins Bett ging, stellte ihr das Biest die gleiche Frage
hver aften før hun gik i seng, stillede udyret hende det samme spørgsmål
Das Monster fragte sie, ob sie seine Frau werden wolle
monsteret spurgte hende, om hun ville være hans kone
Eines Tages sagte sie zu ihm: „Biest, du machst mir große Sorgen."
en dag sagde hun til ham, "dyr, du gør mig meget utryg"
„Ich wünschte, ich könnte einwilligen, dich zu heiraten"
"Jeg ville ønske, jeg kunne give samtykke til at gifte mig med dig"
„Aber ich bin zu aufrichtig, um dir zu glauben zu machen, dass ich dich heiraten würde"
"men jeg er for oprigtig til at få dig til at tro, at jeg ville gifte mig med dig"
„Unsere Ehe wird nie stattfinden"
"vores ægteskab vil aldrig ske"

„Ich werde dich immer als Freund sehen"
"Jeg vil altid se dig som en ven"
„Bitte versuchen Sie, damit zufrieden zu sein"
"Prøv venligst at være tilfreds med dette"
„Damit muss ich zufrieden sein", sagte das Tier
"Det må jeg være tilfreds med," sagde udyret
„Ich kenne mein eigenes Unglück"
"Jeg kender min egen ulykke"
„aber ich liebe dich mit der zärtlichsten Zuneigung"
"men jeg elsker dig med den ømmeste hengivenhed"
„Ich sollte mich jedoch als glücklich betrachten"
"Men jeg burde betragte mig selv som lykkelig"
"und ich würde mich freuen, wenn du hier bleibst"
"og jeg skulle være glad for, at du bliver her"
„versprich mir, mich nie zu verlassen"
"lov mig aldrig at forlade mig"
Schönheit errötete bei diesen Worten
skønheden rødmede ved disse ord
Eines Tages schaute die Schönheit in ihren Spiegel
en dag kiggede skønheden i sit spejl
ihr Vater hatte sich schreckliche Sorgen um sie gemacht
hendes far havde bekymret sig syg for hende
sie sehnte sich mehr denn je danach, ihn wiederzusehen
hun længtes mere end nogensinde efter at se ham igen
„Ich könnte versprechen, dich nie ganz zu verlassen"
"Jeg kunne love aldrig at forlade dig helt"
„aber ich habe so ein großes Verlangen, meinen Vater zu sehen"
"men jeg har så stort et ønske om at se min far"
„Ich wäre unendlich verärgert, wenn Sie nein sagen würden"
"Jeg ville være umuligt ked af det, hvis du siger nej"
"Ich würde lieber selbst sterben", sagte das Monster
"Jeg ville hellere dø selv," sagde monsteret
„Ich würde lieber sterben, als dir Unbehagen zu

bereiten"
"Jeg vil hellere dø end at få dig til at føle ubehag"
„Ich werde dich zu deinem Vater schicken"
"Jeg sender dig til din far"
„Du sollst bei ihm bleiben"
"du skal blive hos ham"
"und dieses unglückliche Tier wird stattdessen vor Kummer sterben"
"og dette uheldige udyr vil dø af sorg i stedet"
"Nein", sagte die Schönheit weinend
"Nej," sagde skønheden og græd
„Ich liebe dich zu sehr, um die Ursache deines Todes zu sein"
"Jeg elsker dig for højt til at være årsagen til din død"
„Ich verspreche Ihnen, in einer Woche wiederzukommen"
"Jeg giver dig mit løfte om at vende tilbage om en uge"
„Du hast mir gezeigt, dass meine Schwestern verheiratet sind"
"Du har vist mig, at mine søstre er gift"
„und meine Brüder sind zur Armee gegangen"
"og mine brødre er gået til hæren"
"Lass mich eine Woche bei meinem Vater bleiben, da er allein ist"
"lad mig blive en uge hos min far, da han er alene"
"Morgen früh wirst du dort sein", sagte das Tier
"Du skal være der i morgen tidlig," sagde udyret
„Aber denk an dein Versprechen"
"men husk dit løfte"
„Sie brauchen Ihren Ring nur auf den Tisch zu legen, bevor Sie zu Bett gehen."
"Du behøver kun lægge din ring på et bord, før du går i seng"
"Und dann werdet ihr vor dem Morgen zurückgebracht"
"og så bliver du bragt tilbage inden morgenen"

„Lebe wohl, liebe Schönheit", seufzte das Tier
"Farvel kære skønhed," sukkede udyret
Die Schönheit ging an diesem Abend sehr traurig ins Bett
skønhed gik meget trist i seng den aften
weil sie das Tier nicht so besorgt sehen wollte
fordi hun ikke ville se udyret så bekymret
am nächsten Morgen fand sie sich im Haus ihres Vaters wieder
næste morgen befandt hun sig i sin fars hjem
sie läutete eine kleine Glocke neben ihrem Bett
hun ringede med en lille klokke ved sin seng
und das Dienstmädchen stieß einen lauten Schrei aus
og tjenestepigen gav et højt skrig
und ihr Vater rannte nach oben
og hendes far løb ovenpå
er dachte, er würde vor Freude sterben
han troede, han skulle dø af glæde
er hielt sie eine Viertelstunde lang in seinen Armen
han holdt hende i sine arme i et kvarter
irgendwann waren die ersten Grüße vorbei
til sidst var de første hilsener forbi
Schönheit begann daran zu denken, aus dem Bett zu steigen
skønhed begyndte at tænke på at komme ud af sengen
aber sie merkte, dass sie keine Kleidung mitgebracht hatte
men hun indså, at hun ikke havde medbragt noget tøj
aber das Dienstmädchen sagte ihr, sie habe eine Kiste gefunden
men tjenestepigen fortalte hende, at hun havde fundet en æske
der große Koffer war voller Kleider und Kleider
den store bagagerum var fuld af kjoler og kjoler
jedes Kleid war mit Gold und Diamanten bedeckt
hver kjole var beklædt med guld og diamanter

Schönheit dankte dem Tier für seine freundliche Pflege
skønheden takkede dyret for hans venlige omsorg
und sie nahm eines der schlichtesten Kleider
og hun tog en af de mest almindelige kjoler
Die anderen Kleider wollte sie ihren Schwestern schenken
hun havde til hensigt at give de andre kjoler til sine søstre
aber bei diesem Gedanken verschwand die Kleidertruhe
men ved den tanke forsvandt tøjskrinet
Das Biest hatte darauf bestanden, dass die Kleidung nur für sie sei
beast havde insisteret på, at tøjet kun var til hende
ihr Vater sagte ihr, dass dies der Fall sei
hendes far fortalte hende, at det var tilfældet
und sofort kam die Kleidertruhe wieder zurück
og straks kom tøjstammen tilbage igen
Schönheit kleidete sich mit ihren neuen Kleidern
skønheden klædte sig selv med sit nye tøj
und in der Zwischenzeit gingen die Mägde los, um ihre Schwestern zu finden
og i mellemtiden gik tjenestepigerne for at finde hendes søstre
Ihre beiden Schwestern waren mit ihren Ehemännern
begge hendes søster var sammen med deres mænd
aber ihre beiden Schwestern waren sehr unglücklich
men begge hendes søstre var meget ulykkelige
Ihre älteste Schwester hatte einen sehr gutaussehenden Herrn geheiratet
hendes ældste søster havde giftet sig med en meget smuk herre
aber er war so selbstgefällig, dass er seine Frau vernachlässigte
men han var så glad for sig selv, at han forsømte sin kone
Ihre zweite Schwester hatte einen geistreichen Mann geheiratet

hendes anden søster havde giftet sig med en vittig mand
aber er nutzte seinen Witz, um die Leute zu quälen
men han brugte sit vidnesbyrd til at plage folk
und am meisten quälte er seine Frau
og han plagede sin kone mest af alt
Die Schwestern der Schönheit sahen sie wie eine Prinzessin gekleidet
skønhedens søstre så hende klædt ud som en prinsesse
und sie waren krank vor Neid
og de blev syge af misundelse
jetzt war sie schöner als je zuvor
nu var hun smukkere end nogensinde
ihr liebevolles Verhalten konnte ihre Eifersucht nicht unterdrücken
hendes kærlige adfærd kunne ikke kvæle deres jalousi
Sie erzählte ihnen, wie glücklich sie mit dem Tier war
hun fortalte dem, hvor glad hun var med udyret
und ihre Eifersucht war kurz vor dem Platzen
og deres jalousi var klar til at briste
Sie gingen in den Garten, um über ihr Unglück zu weinen
De gik ned i haven for at græde over deres ulykke
„Inwiefern ist dieses kleine Geschöpf besser als wir?"
"På hvilken måde er dette lille væsen bedre end os?"
„Warum sollte sie so viel glücklicher sein?"
"Hvorfor skulle hun være så meget gladere?"
„Schwester", sagte die ältere Schwester
"Søster," sagde den ældre søster
„Mir ist gerade ein Gedanke gekommen"
"en tanke slog mig lige"
„Versuchen wir, sie länger als eine Woche hier zu behalten"
"lad os prøve at holde hende her i mere end en uge"
„Vielleicht macht das das dumme Monster wütend"
"måske vil dette gøre det fjollede monster rasende"

„weil sie ihr Wort gebrochen hätte"
"fordi hun ville have brudt sit ord"
"und dann könnte er sie verschlingen"
"og så kan han fortære hende"
"Das ist eine tolle Idee", antwortete die andere Schwester
"det er en god idé," svarede den anden søster
„Wir müssen ihr so viel Freundlichkeit wie möglich entgegenbringen"
"vi skal vise hende så meget venlighed som muligt"
Die Schwestern fassten den Entschluss
søstrene gjorde dette til deres beslutning
und sie verhielten sich sehr liebevoll gegenüber ihrer Schwester
og de opførte sig meget kærligt over for deres søster
Die arme Schönheit weinte vor Freude über all ihre Freundlichkeit
stakkels skønhed græd af glæde af al deres venlighed
Als die Woche um war, weinten sie und rauften sich die Haare
da ugen var udløbet, græd de og rev deres hår
es schien ihnen so leid zu tun, sich von ihr zu trennen
de virkede så kede af at skille sig af med hende
und die Schönheit versprach, noch eine Woche länger zu bleiben
og skønhed lovede at blive en uge længere
In der Zwischenzeit konnte die Schönheit nicht umhin, über sich selbst nachzudenken
I mellemtiden kunne skønhed ikke lade være med at reflektere over sig selv
sie machte sich Sorgen darüber, was sie dem armen Tier antat
hun bekymrede sig om, hvad hun gjorde ved det stakkels udyr
Sie wusste, dass sie ihn aufrichtig liebte
hun ved, at hun oprigtigt elskede ham

und sie sehnte sich wirklich danach, ihn wiederzusehen
og hun længtes virkelig efter at se ham igen
Auch die zehnte Nacht verbrachte sie bei ihrem Vater
den tiende nat tilbragte hun også hos sin far
sie träumte, sie sei im Schlossgarten
hun drømte, hun var i slotshaven
und sie träumte, sie sähe das Tier ausgestreckt im Gras liegen
og hun drømte, at hun så dyret udstrakt på græsset
er schien ihr mit sterbender Stimme Vorwürfe zu machen
han syntes at bebrejde hende med en døende stemme
und er warf ihr Undankbarkeit vor
og han anklagede hende for utaknemmelighed
Schönheit erwachte aus ihrem Schlaf
skønhed vågnede op af sin søvn
und sie brach in Tränen aus
og hun brød ud i gråd
„Bin ich nicht sehr böse?"
"Er jeg ikke meget ond?"
„War es nicht grausam von mir, so unfreundlich gegenüber dem Tier zu sein?"
"Var det ikke grusomt af mig at handle så uvenligt mod udyret?"
„Das Biest hat alles getan, um mir zu gefallen"
"dyr gjorde alt for at behage mig"
"Ist es seine Schuld, dass er so hässlich ist?"
"Er det hans skyld, at han er så grim?"
„Ist es seine Schuld, dass er so wenig Verstand hat?"
"Er det hans skyld, at han har så lidt vid?"
„Er ist freundlich und gut, und das genügt"
"Han er venlig og god, og det er nok"
„Warum habe ich mich geweigert, ihn zu heiraten?"
"Hvorfor nægtede jeg at gifte mig med ham?"
„Ich sollte mit dem Monster glücklich sein"
"Jeg burde være glad for monsteret"

„Schau dir die Männer meiner Schwestern an"
"se på mine søstres mænd"
„Weder Witz noch Schönheit machen sie gut"
"hverken vidnesbyrd eller et smukt væsen gør dem gode"
„Keiner ihrer Ehemänner macht sie glücklich"
"ingen af deres mænd gør dem lykkelige"
„sondern Tugend, Sanftmut und Geduld"
"men dyd, sødme af temperament og tålmodighed"
„Diese Dinge machen eine Frau glücklich"
"disse ting gør en kvinde glad"
„und das Tier hat all diese wertvollen Eigenschaften"
"og udyret har alle disse værdifulde egenskaber"
„es ist wahr, ich empfinde keine Zärtlichkeit und Zuneigung für ihn"
"det er sandt; jeg føler ikke den ømhed af hengivenhed for ham"
„aber ich empfinde für ihn die allergrößte Dankbarkeit"
"men jeg synes, jeg har den største taknemmelighed for ham"
„und ich habe die höchste Wertschätzung für ihn"
"og jeg har den højeste agtelse af ham"
"**und er ist mein bester Freund**"
"og han er min bedste ven"
„Ich werde ihn nicht unglücklich machen"
"Jeg vil ikke gøre ham ulykkelig"
„Wenn ich so undankbar wäre, würde ich mir das nie verzeihen"
"Hvis jeg skulle være så utaknemmelig, ville jeg aldrig tilgive mig selv"
Schönheit legte ihren Ring auf den Tisch
skønhed satte sin ring på bordet
und sie ging wieder zu Bett
og hun gik i seng igen
kaum war sie im Bett, da schlief sie ein
knap var hun i seng, før hun faldt i søvn

Sie wachte am nächsten Morgen wieder auf
hun vågnede igen næste morgen
und sie war überglücklich, sich im Palast des Tieres wiederzufinden
og hun var overlykkelig over at finde sig selv i udyrets palads
Sie zog eines ihrer schönsten Kleider an, um ihm zu gefallen
hun tog en af sine pæneste kjoler på for at glæde ham
und sie wartete geduldig auf den Abend
og hun ventede tålmodigt på aftenen
kam die ersehnte Stunde
kom den ønskede time
die Uhr schlug neun, doch kein Tier erschien
klokken slog ni, dog dukkede intet dyr op
Schönheit befürchtete dann, sie sei die Ursache seines Todes gewesen
skønhed frygtede da, at hun havde været årsagen til hans død
Sie rannte weinend durch den ganzen Palast
hun løb grædende rundt i paladset
nachdem sie ihn überall gesucht hatte, erinnerte sie sich an ihren Traum
efter at have søgt efter ham overalt, huskede hun sin drøm
und sie rannte zum Kanal im Garten
og hun løb til kanalen i haven
Dort fand sie das arme Tier ausgestreckt
der fandt hun det stakkels udstrakte dyr
und sie war sicher, dass sie ihn getötet hatte
og hun var sikker på, at hun havde dræbt ham
sie warf sich ohne Furcht auf ihn
hun kastede sig over ham uden nogen frygt
sein Herz schlug noch
hans hjerte bankede stadig
sie holte etwas Wasser aus dem Kanal

hun hentede noget vand fra kanalen
und sie goss das Wasser über seinen Kopf
og hun hældte Vandet over hans Hoved
Das Tier öffnete seine Augen und sprach mit der Schönheit
udyret åbnede sine øjne og talte til skønheden
„Du hast dein Versprechen vergessen"
"Du har glemt dit løfte"
„Es hat mir das Herz gebrochen, dich verloren zu haben"
"Jeg var så knust at have mistet dig"
„Ich beschloss, zu hungern"
"Jeg besluttede at sulte mig selv"
„aber ich habe das Glück, Sie wiederzusehen"
"men jeg har den lykke at se dig igen"
„so habe ich das Vergnügen, zufrieden zu sterben"
"så jeg har fornøjelsen af at dø tilfreds"
„Nein, liebes Tier", sagte die Schönheit, „du darfst nicht sterben"
"Nej, kære dyr," sagde skønhed, "du må ikke dø"
„Lebe, um mein Ehemann zu sein"
"Leve for at være min mand"
„Von diesem Augenblick an reiche ich dir meine Hand"
"fra dette øjeblik giver jeg dig min hånd"
„und ich schwöre, niemand anderes als Dein zu sein"
"og jeg sværger ikke at være andet end din"
„Ach! Ich dachte, ich hätte nur Freundschaft für dich."
"Ak! Jeg troede, jeg kun havde et venskab til dig"
"aber der Kummer, den ich jetzt fühle, überzeugt mich;"
"men den sorg, jeg nu føler, overbeviser mig;
„Ich kann nicht ohne dich leben"
"Jeg kan ikke leve uden dig"
Schönheit hatte diese Worte kaum gesagt, als sie ein Licht sah
skønhed havde knap sagt disse ord, da hun så et lys
der Palast funkelte im Licht

paladset funklede af lys
Feuerwerk erleuchtete den Himmel
fyrværkeri lyste himlen op
und die Luft erfüllt mit Musik
og luften fyldt med musik
alles kündigte ein großes Ereignis an
alt gav besked om en stor begivenhed
aber nichts konnte ihre Aufmerksamkeit fesseln
men intet kunne holde hendes opmærksomhed
sie wandte sich ihrem lieben Tier zu
hun vendte sig mod sit kære udyr
das Tier, vor dem sie vor Angst zitterte
dyret , for hvem hun skælvede af frygt
aber ihre Überraschung über das, was sie sah, war groß!
men hendes overraskelse var stor over, hvad hun så!
das Tier war verschwunden
udyret var forsvundet
stattdessen sah sie den schönsten Prinzen
i stedet så hun den dejligste prins
sie hatte den Zauber beendet
hun havde sat en stopper for fortryllelsen
ein Zauber, unter dem er einem Tier ähnelte
en besværgelse, hvorunder han lignede et udyr
dieser Prinz war all ihre Aufmerksamkeit wert
denne prins var al hendes opmærksomhed værdig
aber sie konnte nicht anders und musste fragen, wo das Biest war
men hun kunde ikke lade være med at spørge, hvor udyret var
„Du siehst ihn zu deinen Füßen", sagte der Prinz
"Du ser ham for dine fødder," sagde prinsen
„Eine böse Fee hatte mich verdammt"
"En ond fe havde fordømt mig"
„Ich sollte diese Gestalt behalten, bis eine wunderschöne Prinzessin einwilligte, mich zu heiraten."

"Jeg skulle forblive i den form, indtil en smuk prinsesse sagde ja til at gifte sig med mig"
„Die Fee hat mein Verständnis verborgen"
"feen skjulte min forståelse"
„Du warst der Einzige, der großzügig genug war, um von meiner guten Laune bezaubert zu sein."
"du var den eneste generøs nok til at blive charmeret af mit temperament"
Schönheit war angenehm überrascht
skønhed blev glad overrasket
und sie gab dem bezaubernden Prinzen ihre Hand
og hun gav den charmerende prins sin hånd
Sie gingen zusammen ins Schloss
de gik sammen ind i slottet
und die Schöne war überglücklich, ihren Vater im Schloss zu finden
og skønheden glædede sig over at finde sin far på slottet
und ihre ganze Familie war auch da
og hele hendes familie var der også
sogar die schöne Dame, die in ihrem Traum erschienen war, war da
selv den smukke dame, der dukkede op i hendes drøm, var der
"Schönheit", sagte die Dame aus dem Traum
"skønhed," sagde damen fra drømmen
„Komm und empfange deine Belohnung"
"kom og modtag din belønning"
„Sie haben die Tugend dem Witz oder dem Aussehen vorgezogen"
"du har foretrukket dyd frem for vid eller udseende"
„und Sie verdienen jemanden, in dem diese Eigenschaften vereint sind"
"og du fortjener nogen, i hvem disse kvaliteter er forenet"
„Du wirst eine großartige Königin sein"
"du bliver en stor dronning"

„Ich hoffe, der Thron wird deine Tugend nicht schmälern"
"Jeg håber, at tronen ikke vil mindske din dyd"
Dann wandte sich die Fee an die beiden Schwestern
så vendte feen sig mod de to søstre
„Ich habe in eure Herzen geblickt"
"Jeg har set i jeres hjerter"
„und ich kenne die ganze Bosheit, die in euren Herzen steckt"
"og jeg kender al den ondskab dine hjerter indeholder"
„Ihr beide werdet zu Statuen"
"I to bliver til statuer"
„Aber ihr werdet euren Verstand bewahren"
"men du vil holde dit sind"
„Du sollst vor den Toren des Palastes deiner Schwester stehen"
"du skal stå ved porten til din søsters palads"
„Das Glück deiner Schwester soll deine Strafe sein"
"din søsters lykke skal være din straf"
„Sie werden nicht in Ihren früheren Zustand zurückkehren können"
"du vil ikke være i stand til at vende tilbage til dine tidligere stater"
„es sei denn, Sie beide geben Ihre Fehler zu"
"medmindre I begge indrømmer jeres fejl"
„Aber ich sehe voraus, dass ihr immer Statuen bleiben werdet"
"men jeg er forudset, at I altid vil forblive statuer"
„Stolz, Zorn, Völlerei und Faulheit werden manchmal besiegt"
"Stolthed, vrede, frådseri og lediggang bliver nogle gange overvundet"
„aber die Bekehrung neidischer und böswilliger Gemüter sind Wunder"
" men omvendelse af misundelige og ondsindede sind er

mirakler"
sofort strich die Fee mit ihrem Zauberstab
straks gav feen et slag med sin tryllestav
und im nächsten Augenblick waren alle im Saal entrückt
og i et øjeblik blev alle, der var i salen, transporteret
Sie waren in die Herrschaftsgebiete des Fürsten eingedrungen
de var gået ind i fyrstens herredømme
die Untertanen des Prinzen empfingen ihn mit Freude
prinsens undersåtter tog imod ham med glæde
der Priester heiratete die Schöne und das Biest
præsten giftede sig med skønheden og udyret
und er lebte viele Jahre mit ihr
og han boede hos hende i mange år
und ihr Glück war vollkommen
og deres lykke var fuldstændig
weil ihr Glück auf Tugend beruhte
fordi deres lykke var baseret på dyd

Das Ende
Slutningen

www.tranzlaty.com

www.ingramcontent.com/pod-product-compliance
Lightning Source LLC
Chambersburg PA
CBHW011551070526
44585CB00023B/2549